Universitäts-Brunnen von Friedrich von Gärtner (1840–1844)

Die repräsentativste der »Königsstraßen« Münchens ist die vom zweiten bayerischen König, Ludwig I., angelegte Ludwigstraße. Sie zeigt die bewußte Rückkehr zur monumentalen Einfachheit der Antike nach der theatralischen Verspieltheit von Barock und Rokoko. Eingefaßt zwischen der Feldherrnhalle, einer Kopie der Loggia dei Lanzi in Florenz, die 1841–1844 an Stelle des Schwabinger Tores erbaut wurde, und dem Siegestor, das dem Konstantinbogen in Rom nachgebildet ist, wirkt die Ludwigstraße wie ein langgezogenes Forum. Ihre klassische Geschlossenheit wird durch die zwei Plätze an ihren Enden, den Odeonsplatz und den Platz vor der Universität, noch stärker akzentuiert. Nicht Mangel an Einfällen, sondern Begegnung mit dem eigenen bayerischen, stets in sich ruhenden Wesen, ganz im Geist der schmucklosen Monumentalität der Frauenkirche und der nur durch eine gemalte Scheinarchitektur gegliederten, beinahe klösterlich strengen maximilianischen Fassade des Königspalastes an der Residenzstraße machte diese Straße Münchens weltberühmt. Auch die Universität strahlt Ruhe aus, zusammen mit den Gebäuden auf der Gegenseite: dem Priesterseminar »Georgianum« und einem Neubau der Universität an Stelle des Max-Joseph-Stiftes für Mädchen. (Volkstümlich hieß der Platz »Glaube–Liebe–Hoffnung«, wobei den Glauben die Theologen, die Liebe die höheren Töchter und die Hoffnung – auf ein gutes Examen – die Studenten verkörperten.) Friedrich von Gärtner, der Erbauer der Universität, des Siegestors, der Ludwigskirche und der Bayerischen Staatsbibliothek mit der großen Treppenanlage im Innern, errichtete 1840–1844 auch die zwei Springbrunnen aus bronziertem Eisen vor der Universität. Ihr Vorbild waren Berninis Fontänen auf dem Petersplatz in Rom. Sie verlieren nichts von ihrer Schönheit, wenn auf dem Rand ihres Beckens die Studenten und Studentinnen sitzen. – Im Mensahof der Universität, Veterinärstraße 1, zeigt der Dante-Brunnen von Faller (1965) Szenen aus der Göttlichen Komödie. Am anderen Ende der Ludwigstraße steht im Hof des Palais Graf Moy ein Springbrunnen. Ein sehr hoher Springbrunnen sprudelt im Lerchenauer See nördlich des Olympiaparks, vom Olympiaturm gut sichtbar.

6

1. Umschlagseite: Wittelsbacher-Brunnen (1611–1623)

Brunnen von Rom! – erinnert sich mit beglücktem Seufzer der Gast der Ewigen Stadt. »Brunnen von München!« sollte der wirkliche Kenner dieser Stadt mit ebenso schönen Erinnerungen sagen. Die schnelle, grüne Isar – ein kleiner Alpenfluß? Zur Zeit der Schneeschmelze donnert er mit Urgewalt im eng gewordenen Bett seiner steilen Auen, wie ein Nachklang der Eiszeit, welche die Bergriesen abschliff und die Täler mit Geröll auffüllte, auf dem die Häuser Münchens stehen. Seine unzähligen Brunnen auf Plätzen, Straßen und in versteckten Gärten und Höfen künden vom Wasser in den Poren seines Bodens. Es enteilt nicht, wie das Wasser der großen Ströme anderer Städte, es verweilt, wie auch diese unvergleichliche Stadt alle Besucher zum Verweilen einlädt. Wer kennt die Zahl aller Münchner Brunnen? Sie ist größer, als man sie sich vorstellen könnte. Es gibt in München an die elfhundert Brunnen; sie sind in städtischem, staatlichem oder privatem Besitz. – Der große Städtegründer Heinrich der Löwe leitete vor über 800 Jahren die berühmte Salzstraße über die neue Brücke zur kleinen Siedlung der Mönche. Der Mönch im Wappen von München wachte über das menschliche Maß seiner Bewohner. Die Fürsten machten die Stadt zur weltberühmten Residenz der Künste und großen Geister. In der großen Zeit der Kunstepochen Renaissance, Barock, Rokoko und Klassizismus entstand jene Ansammlung von Bauten, Prunkräumen und Kunstschätzen: die Residenz. In ihrer Mitte der Brunnenhof, umgeben vom schönsten Rokokotheater der Welt, dem Cuvilliés-Theater, und vom Festsaal Antiquarium. Die Hauptfigur des Brunnens, der Agilolfinger Herzog Theodo, Vorfahre der Wittelsbacher, steht auf einem dreistufigen Aufbau, umgeben von allegorischen und mythologischen Figuren, von Hubert Gerhard geschaffen. Sie stellen die vier großen bayerischen Flüsse Donau, Inn, Isar und Lech sowie die Symbole für Wasser, Feuer, Luft und Erde – Neptun, Vulkan, Juno und Ceres – dar. Außerdem wurden vier kleinere Tiergruppen von miteinander kämpfenden Seeungeheuern, zum Teil ältere Figuren anderer Brunnen, zu diesem bedeutenden Denkmal
1 unter dem malerischen Uhrturm in der Residenz vereinigt.

Perseus-Brunnen (um 1585)

Schöne Zimmer – Prunkräume in Residenzen und Palästen sind nicht immer auch wohnlich. Es ist der Vorzug wirklich wertvoller Fürstensitze, wenn ihre »private Sphäre« auch ohne Bruch der künstlerischen Linie menschliche Wärme und Intimität atmet. Die Wohnräume im Gebäudekomplex der Münchner Residenz sind um den reizvollsten und künstlerisch reichsten kleinen Hof gruppiert, den Grottenhof. Der von Herzog Wilhelm V. angelegte Trakt verrät nicht nur seine Aufgeschlossenheit für die Schönheiten jener Hochblüte der Künste, sondern auch seinen Hang zu stiller Beschaulichkeit. Der Hof gilt als einer der bestgelungenen fürstlichen Ziergärten, geschaffen um die Wende vom 16. zum 17. Jahrhundert. Friedrich Sustris, Peter Candid, Antonio Ponzano, Alessandro Scalzi waren hier am Werk. Die vielfach nachgeahmte Brunnengrotte mit dem Muschelbrunnen und der vergoldeten Kopie des Merkurs von Giovanni da Bologna darüber bildet einen Teil des kleinen Gartens, dem der um 1585 geschaffene Perseus-Brunnen den künstlerischen Akzent verleiht. Als seine Schöpfer werden mal der aus Italien geholte Niederländer Sustris, mal sein Schwiegersohn Hans Krumpper, mal Hubert Gerhard – der Schöpfer der Mariensäule – genannt. Die mythologische Gestalt des Perseus wurde schon in der Antike gerne dargestellt, später von Cellini, Piero di Cosimo, Tizian, Rubens, Rembrandt. Sie versinnbildlicht den Helden, der nach der Tötung der Medusa mit dem Haupt voller Schlangen statt Haaren die Andromeda vom Drachen befreit und als Frau heimführt. Andromeda erscheint als Sinnbild der Religion oder des Staates oder auch der Stadt, das Ungeheuer als Symbol der religiösen oder politischen Zwietracht. Das künstlerische Wagnis, einen geköpften Frauenleib, aus dessen Hals statt Blut Wasser fließt, so darzustellen, daß Schönheit und menschliches Empfinden nicht verletzt werden, ist jener früheren Zeit, welche die Realitäten leichten Sinnes überspielte, besser geglückt, als es uns in unserem aus verwöhntem Lebensstandard und aus Grausamkeit gemischten Jahrhundert noch jemals gelingen könnte! – An der Ostseite der Residenz steht seit 1961 der Kronprinz-
3 Rupprecht-Brunnen mit der Figur der Pallas Athene.

Springbrunnen im Hofgarten (1826/1956)

Der Hofgarten ist der heiterste freie Raum der Stadt. Von seinen vier großen Springbrunnen (1826 angelegt, 1956 aus Trientiner Marmor erneuert) führen Blumenwege zu einem überraschend luftigen und doch geschlossen wirkenden Brunnentempel in der Mitte, auf dessen flacher Kuppel die Kopie einer 1615 aus dem alten Hofgarten herübergebrachten Bronzefigur der Bavaria steht. Die vier großen, aber durch ihr ausgewogenes Gleichmaß beschwingten Springbrunnen verbinden den Tempel mit allen Seiten. Die Südseite des Gartens wurde durch den Festsaalbau von Klenze geschlossen. Auf den ionischen Kolossalsäulen stehen acht Figuren Schwanthalers als Verkörperung der acht damaligen Kreise Bayerns. Dahinter war des Königs Thronsaal, heute der Herkulessaal mit den riesigen Wandteppichen der Taten des Herkules, ein Mittelpunkt des Münchner Musiklebens. An der Eingangsseite des Hofgartens bilden Türme und Kuppel der Theatinerkirche St. Kajetan die eindrucksvolle und bekannte Kulisse des Münchner Stadtbildes. Kurfürst Ferdinand Maria ließ sie seiner Frau, der Kurfürstin Henriette Adelheid von Savoyen, nach der Geburt des lang ersehnten Thronfolgers Max Emanuel, des späteren Siegers über die Türken in Ofen und Belgrad, zum Dank errichten. Es war der erste große Barockkirchenbau in Deutschland, die Fassade vom Meister der Rokokokunst François Cuvilliés geschaffen. Schwanthalers 1840 entworfener, an der westlichen »Bazarseite« aufgestellter Nymphen-Brunnen von zart-romantischer Stimmung, auch Loreley-Brunnen oder einfach die »Brunnenfrau« genannt, ist seine lieblichste Schöpfung. Unter den Arkaden der Nordseite des Gartens strömen moderne griechische Landschaften von Richard Seewald und Verse von Pindar, Homer, Sappho, Nomos, Goethe und Hölderlin eine klassische Stimmung aus; sie sind den antiken Stätten Athen, Olympia, Delphi, Ithaka, Korfu, Korinth, Sunion und anderen geweiht. Hölderlin fragt Akrokorinth, doch eigentlich unsere Zeit: »Kehren die Kraniche zu dir? Und sonnt der Delphin aus der Tiefe gelockt im neuen Lichte den Rücken? Blüht Ionien, ist es die Zeit?« – An der Ostseite des Parks steht vor einer Kuppel das Grabmal des Unbekannten Soldaten. 4

Brunnen von Andreas Rauch (1961)

In der Neuen Pinakothek für Kunstwerke aus dem 19. und 20. Jahrhundert – nach der Zerstörung im Zweiten Weltkrieg neu aufgebaut – hängt ein Bild von Johann Friedrich Overbeck: Italia und Germania. Ein italienisches und ein deutsches Mädchen sitzen einander gegenüber, vor einer italienischen Landschaft, mit den einfachen, ruhigen Linien der klassischen Antike – und einer romantisch bewegten deutschen Landschaft mit einer Burg, zinnengekrönt und von Türmen überragt. Gegensätze? Nein, glückhafte Ergänzung: in München wird sie Ereignis. Die zuerst provisorisch gedachten »welschen Hauben« des spätgotischen Liebfrauendomes sind das Symbol dafür geworden. Nicht eines Zwiespaltes, nicht einer unstillbaren Sehnsucht, nicht einer Entfremdung vom deutschen Wesen, sondern im Gegenteil, des selbstsicheren Ruhens in einer unverwechselbaren Einheit der eigenständigen Art. »Wär nicht das Auge sonnenhaft«, sinnierte Goethe und sagte sich: »Läg nicht in uns des Gottes eigne Kraft, wie könnte uns Göttliches entzücken!« Der erst spät in die Straße eingefügte Bau des Landwirtschaftsministeriums am Beginn der Ludwigstraße atmet auch diesen hellen, heiteren Geist. Tritt man in den Hof, empfängt uns ein edel geformter Brunnen mit seinem springenden Wasser, das aus einem Kelch schön gestalteter Blätter emporsteigt. Oder ist es die Gebärde sich öffnender Hände, die das Element von seiner Erdenschwere befreit? Andreas Rauch, der Schöpfer vieler bekannter Brunnen Münchens, schuf 1961 auch diesen. – Im Hof des nahen Leuchtenberg-Palais, Odeonsplatz 4, heute Finanzministerium, steht seit 1968 ein weiterer klassischer Brunnen von ihm: Der Isargott mit doppeltem Fischschwanz greift in einem barock geformten Becken durch eine Wasserfontäne nach einer Nymphe, die darüber so erschrickt, »wie man halt vor dem Finanzamt erschrickt«. Voller Bewegung ist auch Rauchs Brunnengruppe mit Fischer, Raubfisch und Wasserjungfrau in der Anlage am Roßtaler Weg; seine Brunnenschale im Zierhof des Cuvilliés-Theaters fügt sich freundlich in die Rokoko-Atmosphäre ein. Die Säulen des zerstörten Konzertsaals Odeon umstehen noch den Hof Odeonsplatz 3, wo Emil Kriegers klassischer Brunnen steht. 8

Wittelsbacher-Brunnen von Adolf von Hildebrand (1895)

Die wasserdurchlässigen Schichten des Münchner Bodens (Flinz, Quarzsand, Quarzschotter, darüber Geröllmassen der Eiszeit, Konglomerate, Nagelfluh) gestalteten die Errichtung der Wasserleitung – aus den vorzüglichen Gebirgsquellen der Voralpen – zusammen mit der Regulierung des wilden Gebirgsflusses der Isar zu einem Riesenunternehmen. 1895 wurde zur Erinnerung an die Einführung der Wasserleitung in alle Münchner Häuser der Wittelsbacher-Brunnen von Adolf von Hildebrand errichtet. Alte Münchner nennen den Wasserhahn heute noch den »Brunnen« und den großen Engel von Hubert Gerhard in der Michaelskirche mit dem großen Weihwasserbecken den »Weihbrunnengel«. Hildebrands Brunnen bildet den Auftakt zur großartigen Parkanlage des Maximiliansplatzes, wo die von der alten Stadtbefestigung gewonnenen Erdmassen zu einer malerischen Hügellandschaft zusammengetragen wurden. Wohl kaum ein anderer großer Brunnen löst die Aufgabe der Raumgestaltung so vorbildlich wie dieser, der die ungegliederte Abfolge mehrerer offener Plätze und Straßen abschließt und zugleich zur Baumkulisse hin weiterführt. Das Wasser springt von der hohen doppelten Schale in ein ovales Becken, aus dessen Arkadennischen Masken und Mäuler es herausfließen lassen. An beiden Seiten stellen mythische Gestalten aus Untersberger Marmor die zerstörende und die segnende Kraft des Wassers dar: links schleudert ein Jüngling – auf dem Wasserroß reitend – einen Felsblock in die Fluten, rechts reicht eine den Wasserstier sanft lenkende Nymphe die Schale mit erfrischendem Trank. Roß und Reiter wurden im Bombenkrieg zerstört; Theodor Georgii haute Kopien der zerstörten Teile an Ort und Stelle und in kongenialer Meisterschaft aus dem Marmor. – Den östlichen Abschluß des Nymphenburger Kanals bildet seit 1954 Hildebrands Hubertus-Brunnen mit den vier Gestalten an der Außenwand des kleinen Tempels: eine jugendliche Diana, eine alte Waldfrau und zwei Jäger. Vor dem Schloß selbst wirft ein Springbrunnen das Wasser sehr hoch. – Hildebrands Vater-Rhein-Brunnen auf der Isarinsel gegenüber dem Deutschen Museum wurde erst 1932 aus Straßburg, wo er von 1903 an stand, nach München übergeführt. 10

Ein moderner, luftiger Hof, nicht geschlossen, denn die Häuser an seinen vier Seiten stehen frei, ihre Wände sind heiter und farbig gegliedert; Justitia richtete sich hier erst nachträglich häuslich ein: der Maxburghof. Die Burg wurde im Bombenkrieg bis auf den schönen Renaissanceturm zerstört. Herzog Wilhelm V. hatte sich die »Wilhelminische Veste« 1590–1595 zu seinem Ruhesitz erbauen lassen. Der Turm ist mit dem gleichhohen modernen Bau durch Glasbrücken mit jedem Geschoßtrakt verbunden. Eines der vielen Beispiele geglückten Zusammenklanges von alter und neuer Baugesinnung in München. Auch der Brunnen über dem kleinen ovalen Teich bei den lustigen Sonnenschirmen des kleinen Cafés im Hof ist ein köstlicher Kontrast: Ein riesiger Monolith, ein rundgeschliffener Felsblock, den der Bildhauer im Fichtelgebirge fand. Darauf steht seit dem Jahre 1954 seine Bronzefigur, mit dem langen Hirtenstab den Fels berührend: dort sprudelt Wasser aus dem Stein. Erkennt der heutige Stadtmensch diese Gestalt und seine Gebärde? Josef Henselmanns Moses ist für uns ein Fremder. Auch das Wasser, das nicht bloßes »Thema« eines Brunnens ist, nicht zu einer ästhetischen Komponente reduziert, sondern elementares Bedürfnis der in der Wüste – auch der heutigen Städte – Verdurstenden. Der Stein zeigt wie ein Finger nach oben. Der vom Berg Sinai Zurückgekehrte steht verwundert vor der Vergeßlichkeit der Menschen. – Im Garten des Erzbischöflichen Ordinariats, Maxburgstraße 2, befindet sich der Christophorus-Brunnen von Roland Frederichsen aus dem Jahre 1956; Christophorus ist als der eigentliche Schutzheilige der Brunnen und als Symbolfigur des Priesteramtes dargestellt. In der Eingangshalle des Domes steht sein Standbild aus der Leinberger-Schule (um 1520–1525), als Schutzpatron der Menschen, die unterwegs sind. Wer Christophorus' Bild sah, erlitt nach der frommen Meinung an jenem Tage keinen gewaltsamen Tod. – Im Treppenhaus der Maxburg, Justizgebäude II, steht Karl Knappes Mosaik-Brunnen. – Im Durchgang Löwengrube 18 – Promenadeplatz 3 erinnert der Brunnen »Daniel in der Löwengrube« an das Bild auf dem Stammhaus der Löwenbrauerei, das hier stand.

Moses-Brunnen von Josef Henselmann (1954)

12

Im Alten Botanischen Garten, den der große Gartenbau-Architekt Münchens, Friedrich Sckell, von 1809 an entwarf, steht nur noch das strenge dorische Portal, das der Portugiese Emmanuel Josef d'Herigoyen 1812 als ersten Torbau der »königlich-romantischen« Bauperiode errichtete. Seine von Goethe stammende lateinische Inschrift ist eine Huldigung an König Max Joseph I. Heute ist dieser noch immer einmalig schön bepflanzte Park zwischen Karlstor (am Stachus) und Hauptbahnhof einer der wichtigsten Ausruhplätze der arbeitenden Bevölkerung vor der Heimfahrt, mit großzügig verteilten zierlichen weißen Gartenstühlen und der großen Figurengruppe des 1937 von Josef Wackerle geschaffenen Neptun-Brunnens. Neptun, der römische Gott des fließenden Wassers – bei den Griechen der Hauptgott aller das Meer bewohnenden Gottheiten und Dämonen – steht mit dem Dreizack auf einem Fels. Neben ihm ein Pferd mit Fischleib und zwei Tritonen, die das Brausen des Meeres erzeugen; nicht mehr im Geist der Antike, sondern mit einem erdschweren Naturgefühl dargestellt. Er hebt sich markant ab vom roten Backsteinbau des »Neuen Justizgebäudes«, das 1908 nach Plänen von Friedrich von Thiersch erbaut wurde. – Hier im Alten Botanischen Garten stand von 1854 bis 1931 Münchens erster moderner Bau aus Eisen und Glas: der Glaspalast, der zum Symbol der Kunststadt von internationalem Ruf wurde. Alljährlich wurden in ihm zwei- bis dreitausend Werke ausgestellt, wobei die Innendekoration im Stil der pompösen Makart- und Lenbach-Ära oft wichtiger war als die vielfach im sogenannten »Gartenlauben-Stil« gehaltenen erzählenden und historisierenden Kunstwerke; doch begegnen wir auch großen Namen und berühmten Meistern der Welt. Der Brand des Glaspalastes setzte 1931 nicht nur einer schon überlebten Kunstepoche ein Ende, sondern zerstörte mit unersetzlichen Kunstwerken der Romantiker ein Kapitel innigster deutscher Kunst. Der Zierbrunnen des Glaspalastes kam vor den Ostbahnhof auf den Orleansplatz; dann brachte man ihn auf den Weißenburger Platz. Der Brunnen im Hof des Chemischen Instituts der Universität in der Meiserstraße 1 gleicht einer verwitterten Felsplatte.

Neptun-Brunn[en] von Josef Wackerle (1937)

14

Prinzregent Luitpold kam persönlich ins Atelier des Bildhauers und bat ihn, seinem ganz nackten Brunnen-Buberl, das 1895 auf dem »Stachus« – wie die Münchner ihren Karlsplatz kurz nennen – aufgestellt wurde, zum Schutz der öffentlichen Moral ein Feigenblatt anzubringen; denn ganz München nahm schon – wie bei allen wichtigen oder auch nur Herzensangelegenheiten der Stadt – teils entrüstet, teils amüsiert Anteil an diesem, damals unerhörten Ereignis. Das freche Buberl, das dem alten Satyr sein Wasserrohr zudrückt, wird von diesem angespuckt – ein Brunnenmotiv, das zwei Jahre zuvor auf der Pariser Weltausstellung eine Goldmedaille errang. Der Bildhauer Matthias Gasteiger lachte nur schallend auf das Ansinnen des Prinzregenten: So ging man bei allem Anstand mit seinen bayerischen Landesherren um. Er legte dem Buberl auch keine der dreihundert Badehosen an, die man ihm aus ganz Deutschland zugeschickt hatte. (Nicht wie man dem berühmter gewordenen kleinen »Manneken Pis« nahe dem historischen Brüsseler »Grote Markt« von Zeit zu Zeit die Galauniformen, Geschenke fremder Herrscherhäuser, anzieht.) Das Brunnen-Buberl mußte dem Verkehr weichen. Heute geht man dort, wo es früher unter Bäumen stand, in das unterirdische »Einkaufszentrum« hinunter. Selbst dort steht ein Brunnen, einer abstrakten Pflanze nachgebildet, deren große Blätter Schalen bilden. Das Buberl kam 1971 auf einen Ehrenplatz an der inneren Seite des Karlsplatzes. – An der Außenseite, im Halbrund des Platzes, erfreut und schreckt ein lustiges Wasserspiel die Kinder, die sich in den Garten seiner konzentrisch angelegten Fontänen hineingetrauen; ein freundlicher, unkonventioneller »Brunnen vor dem Tore«. Hier beginnt das »Fußgängerparadies«, das etwa in seiner Mitte auch den Dom umgibt. Vor dessen Hauptportal kann man zu einem vertieften Brunnen hinuntersteigen. Seitlich steht seit 1972 der Brunnen des hl. Benno aus rotem Granit von Henselmann. Sein Fisch mit den Schlüsseln im Maul erinnert an die Legende der Domschlüssel. – Der Nornen-Brunnen, seit 1907 auf dem Stachus, kam auf den Maximiliansplatz. – Im Weltkugel-Brunnen, Briennerstr. 26, erklingt »bei einer jeden Geburt in Deutschland« wirklich eine kleine Glocke. 16

Brunnen-Buberl von Matthias Gasteiger (1895/1971)

Richard-Straus[s-]
Brunnen von
Hans Wimmer
(1962)

Das deutsche Escorial – so wurde die Gesamtanlage der Michaelskirche mit dem dazugehörigen einstigen »Jesuiterischen Collegium« genannt. Nach dem Bombenkrieg blieb von letzterem nur die Fassade erhalten, die nobel-zurückhaltende Schöpfung von Friedrich Sustris aus den Jahren 1585–1597. Sie läßt die Schönheit von Sankt Michael wirkungsvoll hervortreten. Man nennt den Baukomplex nach der Akademie der Wissenschaften, die ab 1783 lange Zeit hier residierte, die »Alte Akademie«. Für den ruhigen, von zwei Seiten geschützten Raum davor entwarf der Bildhauer Hans Wimmer das Denkmal für den großen Sohn der Stadt: Richard Strauss, der nicht weit von hier am 11. Juni 1864 das Licht der Welt erblickte. Seine Mutter war eine geborene Pschorr, sie gehörte also zum Münchner Brauereiadel. Schon als Unterprimaner erlebte Richard Strauss die Uraufführung seiner ersten Symphonie. Als aber seine erste Oper, »Guntram«, 1895 im Nationaltheater durchfiel, zog er verärgert nach Dresden, wo dann beinahe alle seine Opern ihre Premieren erlebten. Den Welterfolg brachte 1905 die große Oper »Salome«. Darum wählte der Bildhauer dieses Thema. In sechs Abschnitten läßt er die Handlung des Musikdramas nach römischem Vorbild auf den Reliefs der sechs Meter hohen Säule ablaufen. Die 1962 enthüllte Säule trägt eine flache Schale, daraus in rhythmischem Takt ein bewegter Wasserschleier herabfällt, der an den Schleiertanz der Salome mit dem schrecklichen Ende erinnert. Strauss sah in ihr nicht das verruchte und mordgierige Weib, keine »Blume des Bösen«, sondern eine keusche Jungfrau, die nur mit einfachster, vornehmster Gestik gespielt werden sollte. Ihre unbewußte Leidenschaftlichkeit wird erst durch die unerhörte Farbigkeit der Musik offenbar und zur Tragödie gesteigert. Ähnlich stark ist die Kontrastwirkung der vegetativ-vitalen Säule vor der unbewegten Regelmäßigkeit der Fensterreihen. – Der Nereiden-Brunnen von Toni Stadler aus dem Jahre 1971 auf dem Maximiliansplatz stellt zwei Töchter des Meeresgottes Nereus dar. Es ist ein Gedächtnisbrunnen für Karl Amadeus Hartmann, den Gründer der vorkämpferischen Musikbewegung »Musica viva« in München.

Der Fischbrunnen auf dem Marienplatz steht an der Stelle, an der bis ins 19. Jahrhundert der Fischmarkt stattfand. Eigentlich ist er der Brunnen des »Metzgersprunges«, zur Erinnerung an den vor über vierhundert Jahren aufgekommenen Brauch der Freisprechung der Metzgerlehrlinge zu Metzgerknechten. Sie sprangen am Rosenmontag in diesen Brunnen, warfen Äpfel und Nüsse heraus und bespritzten die Zuschauer mit Wasser. Josef Henselmann erneuerte 1954 den Brunnen, den Karl Knoll im Jahre 1884 an der Stelle eines früheren Brunnens errichtet hatte. Nun können darin die »Narrischen« in der letzten Fastnacht ihre leeren Geldbeutel wieder auswaschen. Der Marienplatz bekam seinen Namen erst 1854 nach der Muttergottesstatue in der Mitte des Platzes. Kurfürst Maximilian I. ließ sie schon 1638 aufstellen, zum Dank für die Errettung der Stadt vor Brand und Verderben durch die schwedische Besatzung, nachdem König Gustav Adolf als Vergeltung für die Zerstörung Magdeburgs wiederholt damit gedroht hatte. Auf der hohen Säule steht die schlanke, feingliedrige Renaissance-Gestalt der Patrona Bavariae, vom Typus des Gnadenbildes von Loreto. Es ist wirklich das »künstlerisch erfreulichste Denkmal aus der Zeit des Dreißigjährigen Krieges«, von Hubert Gerhard 1594 für den Hauptaltar der Frauenkirche geschaffen. Die mit Ungeheuern kämpfenden Engel auf dem Unterbau sind schon voll barocker Bewegung. Das neugotische Neue Rathaus zieht mit seinem Glockenspiel im achtzig Meter hohen Turm immer viele Menschen an. – Der Tanzsaal in dem schon 1310 beurkundeten, ab 1470 umgebauten Alten Rathaus galt als der schönste der Spätgotik, geschmückt mit den berühmten Holzfiguren »Morisken-(Maruschka-)Tänzer« von Erasmus Grasser. Zehn Figuren sind noch erhalten und bilden den vielleicht wertvollsten Besitz des Stadtmuseums, in dem sie aufgestellt sind. Vor dem Alten Rathaus steht seit 1972 der bescheidene Kräutlmarkt-Brunnen, in Erinnerung an den Münchner Blumenmarkt, der einst hier stattfand (jetzt auch auf dem Viktualienmarkt). Sein Reliefmuster erinnert an das Pausenzeichen des Zweiten Deutschen Fernsehens, was ihm den lustigen Spitznamen »ZDF-Brunnen« einbrachte.

Fischbrunnen von Karl Knoll (1884/1954)

20

inder-Brunnen von Josef Henselmann (1964)

In der Nordwestecke des Rindermarktes grüßt die noch auf gotischen Grundmauern erbaute älteste Kirche Münchens, St. Peter, mit ihrem nach dem Bombenkrieg in der ursprünglichen Form von 1607 wiederhergestellten Turm, dem »Alten Peter« mit der Laternenkuppel, die in einem Obelisk endet. In der Südostecke steht der Löwenturm der alten Stadtmauer, die das älteste Stadtoval auf der höchsten Erhebung um den Marienplatz und das Domviertel bis zur ältesten festen deutschen Kaiserburg, dem heutigen »Alten Hof«, umgab. Hier auf dem konvex geschwungenen Rindermarkt ist die Form des ältesten Stadtkerns noch erkennbar. An Stelle der zerstörten Häuser mußten allerdings neue aufgebaut werden, wegen ihres farbigen Sgraffito-Verputzes von den Münchnern oft »selbstgestrickte Häuser« genannt. Der Rindermarkt mußte weichen, der Name blieb. Auch dann, als Herzog Ferdinand – Bruder des regierenden Herzogs Albrecht V., Sieger im Kölnischen Krieg – 1597 das Anwesen Rindermarkt 5, zusammen mit dem Nachbarhaus, erwarb und darauf seinen Fürstenpalast erbaute. Der Renaissance-Brunnen vor dem Palast, der einen galoppierenden Bronze-Ritter zeigte, verschwand schon vor dem Gebäude. Seit 1964 ist der Platz mit dem Brunnen von Josef Henselmann in ein alpenländisches Landschaftsbild verwandelt. Ein fester Block eng aneinandergeschmiegter Rinder steht über einem Bach, der über breite, flache Stufen langsam herabfließt; weit weg schläft der Hirte, über seinen Stock gebeugt. Alles aus einem »Labrador-Moskart« genannten dunkelgrünen Hartstein aus Uruguay gestaltet. – Ferdinands Palast wurde 1803 zur Kaffeeschenke »Drei Mohren« und später zum Gasthaus »Drei Rosen« umgebaut. – Im Garten des Hofbräuhauses steht der Löwenbrunnen. – Natürlich gibt es in München auch einen Bierbrunnen, vor dem Haus des Bayerischen Brauerbundes, Oskar-von-Miller-Ring 1, aus dem echtes Münchner Bier fließt. Nur einmal im Jahr, aber dann umsonst. – München hat auch einen Münzbrunnen im Café Frech, Passage Kaufingerstraße 8 – Fürstenfelder Straße. Seine von Karl Roth gestaltete Bronzesäule zeigt Fortuna mit Schlangen, griechische, römische und deutsche Münzen; die echten sind festgemacht.

Karl-Valentin-Brunnen von Andreas Rauch (1953)

Wo München am münchnerischsten ist, auf dem Viktualienmarkt also, unter dem »Petersbergl«, steht ein auf den Kopf gestelltes Fragezeichen, mit kleinen Teufelsköpfchen, mit den Köpfen des Buchbinders Wanninger und eines Münchners von der Bürgerwehr geschmückt und mit einer hageren Komikerfigur in seiner Mitte: der Karl-Valentin-Brunnen, 1953 von Andreas Rauch geschaffen. Mit seinem leise und dezent vorgetragenen absurd-hintergründigen Humor scheint Valentin der Gegenpol der Münchner Gemütlichkeit gewesen zu sein – und war doch ein waschechtes Kind der Münchner Vorstadt Au: dieser Valentin Ludwig Fey (bitte immer mit »F«: Falentin, bat er). Er erweiterte die Skala der bayerischen Kunst des Komischen ins Gespenstisch-Metaphysische. Ein bayerischer Don Quijote, der die Heimtücke seiner verschrobenen Logik in unzähligen Valentiniaden nicht nur erfand, sondern auch erlitt, der über Bert Brecht ein Engagement bei den Kammerspielen erhielt, in Berlin im Kabarett der Komiker am Kudamm gastierte und auch in Zürich gefeiert wurde. Er trat als Friedensengel, Schwerathlet, Xanthippe, Bauerndirndl, Spitzwegfigur und in zahlreichen anderen Szenen auf und drehte auch Filme. Mit seiner Partnerin Liesl Karlstadt errang er die größten Erfolge. – Am selben Tag der Einweihung des Valentin-Brunnens wurde von Bildhauer Josef Erber der Brunnen des anderen berühmten Münchner Komikers Weiß Ferdl (Ferdinand Weisheitinger) der Stadt übergeben. Der Weiß Ferdl, der in seinem Bauerntheater »Am Platzl« gegenüber dem Hofbräuhaus seine Anti-Nazi-Witze brachte, war in ganz Deutschland berühmt. Zu seinem Brunnen am Viktualienmarkt hätte er gesagt: »A frische Maß verklärt den Durscht. Das Brunnenwasser ist mir Wurscht.« In der grobherzigen Freundlichkeit der Marktfrau lebt sein Humor weiter. Am Nordrand steht das Denkmal (von Hans Osel) des in der »Weißblauen Drehorgel« geliebten, von den Politikern gefürchteten Roider Jackl, »Förster, Gstanzlsänger, Levitenleser«. – Der Münchner Gärtnermarkt befindet sich in der Großmarkthalle, Tumblingerstraße 85. Dort steht seit 1958 der Gertrud-Brunnen mit der Schutzpatronin der Gärtner von Georg Wissmeier.

Liesl-Karlstadt-Brunnen von Hans Osel (1961)

München hat ein ganz besonderes Verhältnis zu den Frauen. So wie die geistige Vielfalt dieser Stadt von einer kraftvollen Eigenart zusammengehalten wird, so sind seine Frauen wie ein nach den Jahreszeiten wechselnder Blumenschmuck in einer mal herben, mal anmutigen Harmonie aneinandergereiht. Seit Jahrhunderten prägt die Münchnerin den mütterlichen Urgrund dieser »Weltstadt mit Herz«. Von weitem grüßt die Stadt den Fremden mit den »welschen Hauben« ihrer »Frauentürme« und mit der schlanken Frauengestalt auf der Mariensäule im Zentrum. Sie ist nicht »unsere Dame«, »Notre Dame«, wie in Paris, sondern schlicht »unsere liebe Frau«. Beiden begegnen wir: der hochgewachsenen, eine gewisse Majestät ausstrahlenden Juno und der zart-anmutigen Hebe; manchmal in einer Person vereinigt, wie in der bayerischen Prinzessin »Sissy«, aus der die Kaiserin Elisabeth wurde. Nach Jacob Burckhardt war es ein »königlicher Gedanke« von Ludwig I., in seiner von Josef Stieler zwischen 1827–1850 gemalten »Schönheitengalerie« die Erzherzogin wie die Schusterstochter in einer völlig neutralen Konkurrenz der Schönheit zum »Sitzen« bewegt zu haben. Die berühmteste Münchnerin wurde Wilhelm Leibls »Bildnis der Frau Gedon«; auch Gustave Courbet malte eine »Femme de Munich«. Die Verkörperung der problematischen Schwabingerin war Franziska Gräfin zu Reventlow (1871–1918), das Vorbild für Wedekinds »Lulu«. Das Denkmal der guten Münchnerin bleibt aber das der Liesl Karlstadt (mit bürgerlichem Namen Wellano) von Hans Osel, 1961 zwischen den Schwammerlfrauen des Viktualienmarktes aufgestellt. Mit Karl Valentin feierte sie als tragikomisches Paar, gleichsam als Don Quijote und Sancho Pansa, die größten Triumphe. Sie wuchs später zur großen Schauspielerin mit einer breiten Skala. Mit ihrer offenherzigen Menschlichkeit blieb sie der Inbegriff der guten Münchnerin. – Nicht weit von ihr steht der von Toni Rückel geschaffene Brunnen der großen Volksschauspielerin Elise Aulinger, die aus Thomas »Heiliger Nacht« liest. – Als »Ratschkathl vom Treppenhaus« stellte Marlene Neubauer-Wörner die berühmte Ida Schumacher dar. Die Münchner bringen ihren Lieblingen viele Blumengebinde.

München ist die Stadt der schönen Höfe mit unzähligen alten und neuen Brunnen. Tritt man vom St.-Jakobs-Platz in den Hof des Stadtmuseums, das in einem der stilvollsten spätgotischen Gebäude Münchens untergebracht ist – in seinem Kern 1431 als »Büchsenhaus«, seit 1443 »zum Zwecke, das Kriegsgeräthe der Stadt und die Waffen der Bürger darin aufzubewahren« erbaut –, wird man gewahr, daß auch Höfe mit der Stadt wachsen können: Moderne Erweiterungstrakte des Museums bilden einen münchnerisch-modernen Innenraum, in dessen Ecke die bunten Sonnenschirme eines kleinen Cafés zum Verweilen einladen. Plötzlich entdeckt man ein etwas unheimliches, aber dennoch irgendwie freundliches Ungeheuer: ein dreiköpfiges Wesen, ein Wassertier mit Fischleib, das einen mit drei beinahe menschlichen Gesichtern hintergründig anstarrt und aus runden Mündern je drei Wasserfontänen springen läßt; eine Schöpfung von Andreas Schwarzkopf aus dem Jahre 1965. Mangfall, Schlierach und Leitzach sind hier als ein geheimnisvolles, unteilbares Urwesen der Natur dargestellt. Hier schaut einen das Unergründliche der aus dem Gebirge heraustretenden Wasserströme mit gleichgültigen Augen an. Auch das wildromantische Quellgebiet der Isar im Tiroler Karwendelgebirge vereinigt viele Wasseradern mit ihr. Nach dem Zufluß der Loisach teilt sie sich zu einem Isar-Delta mit vielen Armen in einem riesigen Naturschutzgebiet zur Pupplinger Au zwischen Wolfratshausen und Icking, urtümlich wie diese Brunnenfigur. Der grünliche, eisenhaltige schwedische Marmor der Figur ruht auf einem Block aus hellerem Stein, so wie auch die »Hausberge Münchens« aus verschiedenfarbigen Gesteinsarten aufgebaut sind. – Den Gegenpol dieses Brunnens bildet der Stufenbrunnen auf der Münchner Freiheit. Er gleicht einem abstrakten, total regulierten Fluß, beinahe einer Maschine, 1972 in einen abstrakten Park hineingesetzt. – Seit der Eröffnung des Stadtmuseums am 29. Juli 1888 entwickelte es sich mit seinen Sammlungen aus der Bürgergeschichte, mit der riesigen Puppentheatersammlung, dem Musikinstrumenten-, Foto- und Film- sowie dem Brauereimuseum und der Ausstellung »Wohnkultur« zu einem Kulturzentrum der Stadt. 28

Brunnen von Andreas Schwarzkopf (1965)

Radl-Brunnen von Andreas Rauch (1967)

Erst verschwinden die alten, gemütlichen Straßennamen, dann die Straßen selber. Eine der ältesten Straßen Münchens leistet tapferen Widerstand; mit ihrer schrulligen Hakenform gab sie vor über sechshundert Jahren einem ganzen Stadtteil den Namen: dem Hackenviertel. Im ältesten Gerichtsbuch Münchens aus dem Jahre 1369 wird ein Anwesen als »in dem Hacken« befindlich bezeichnet. Da das Grundbuch von 1484/85 für diesen Stadtteil erhalten blieb, können die Namen seiner Hausbesitzer in der Regel bis zum 15. Jahrhundert verfolgt werden. Genau »in dem Haken« der Hackenstraße steht ein stattliches, goldgelb getünchtes Haus, 1678 an der Stelle älterer Häuser neu erbaut, im Besitz von Herzögen, Kurfürsten, Bischöfen und hohen Würdenträgern, zuletzt der Grafen von Rechberg und Rothenlöwen gewesen, daher als »Palais Rechberg« bekannt. 1873 vom neuen Besitzer, Joseph Radspieler, Hofvergolderwarenfabrikant, umgebaut, nennt man es seither auch »Radspieler-Haus«. Im dazugehörigen Garten steht ein alter Brunnen des 1730 geborenen »wirklichen Hofstatuarius« Roman Anton Boos. Hier verbrachte Heinrich Heine 1827/28 das Jahr seiner »schönsten Hoffnung« (auf eine Professur an der Universität) »und bittersten Enttäuschung«. Er gestand aber: »München war für mich notwendig gewesen.« Erst 1962, nach über 150 Jahren, errichtete man im »Finanzgarten« an der Galeriestraße ein Heine-Denkmal; Toni Stadlers geheimnisvoll lächelnde Nymphe vermittelt etwas vom bittersüßen Geschmack der Gedichte Heines. – Ähnlich dem klassischen Altertum, in dem nach den ernsten Theaterstücken Lustspiele aufgeführt wurden, ließ die Nachwelt vor diesem Haus in der Hackenstraße einen radspielenden Brunnen aufstellen. Andreas Rauch, von dem wir viele Brunnen kennen und der die unter Bildhauern seltene Gabe des Humors besitzt, schuf 1967 diesen lustigen Brunnen. Auf einer vier Meter hohen Brunnensäule aus Muschelkalk sitzt ein dicker Kopf mit Hut und spuckt Wasser auf ein Bronzerad, das sich dreht. Dieser Radl-Brunnen ist eine Anspielung auf die Untergrundbahn, deren Räder durch den Strom aus Wasserkraft bewegt werden. Im Haus hinter dem Brunnen ist das U-Bahn-Bauamt untergebracht.

Das Sendlinger Tor, erstmals 1318 genannt, wurde als wuchtige Toranlage der neuen Stadtmauer um die vergrößerte Stadt gebaut; die beiden achteckigen Türme stammen vom Ende des 14. Jahrhunderts. Hier führte die Nord–Süd-Straße der mittelalterlichen Stadt nach Italien. In der Neuzeit entstand hier ein Verkehrsknotenpunkt sternförmig ausstrahlender Straßenzüge mit einem farbig beleuchteten Springbrunnen in seiner Mitte. 1953 bis 1955 errichtete Gustav Gsaenger als bestechenden Kontrast zum alten Stadttor den modernen Neubau der hierher versetzten evangelischen Matthäuskirche mit ihrem hellen Rot und dem 52 Meter hohen schlanken Glockenturm. Auch der Springbrunnen erhielt 1972 eine heiter-gelöste, beschwingt moderne Form, als eine fast spielerische Verbindung von Altem und Neuem. Münchens noch immer lebendiger Genius loci als Kunststadt wirkt sich nicht in Argumenten aus, auch nicht in der gewaltsamen Aussöhnung feindlicher Brüder, sondern im freundlichen Nebeneinander von Gegensätzen. Ein anderes Geheimnis Münchens als Stadt der Künste liegt in der Begabung, die mittelalterliche Abgeschlossenheit einer engen Altstadt auch ohne die Zerstörung der alten Straßen für die neue Zeit zu öffnen, aus Höfen reizvolle Passagen zu formen, in denen sich alte Mauern mit modernen Innenfronten harmonisch verbinden. So im gotischen Hof Residenzstraße 13 aus der Zeit um 1500, seit seiner Öffnung zur Theatinerstraße 41 und zur Perusastraße hin. Die nach innen verlegte Altane zeigt hier den Einfluß der Inn-Salzach-Bauweise. Dieser Durchgang ist mit der Theatinerstraße 30 und 40–42 und Residenzstraße 18 und 19–20 zu einem Passagen-Komplex verbunden, in dessen gemeinsamem Hof sich zart getönte moderne Fensterreihen über phantastischen Boutiquen und zierlichen Tischen und Stühlen um drei runde Steinbrunnen gruppieren, aus denen kleine Quellen ihr Wasser herunterfließen lassen. In der flachen Schale des Zierbrunnens in einem Durchgang von der Sonnenstraße 19 zur Herzog-Wilhelm- und Josephsspitalstraße versetzen die Ringe kleiner Wellen die farbigen Wassertiere des schönen Beckenmosaiks im rhythmischen Gleichmaß eines Uhrwerks in lustige Bewegung.

Springbrunnen von Heiner Schumann (1972)

32

Die »Quelle« von Augustin Lohr (1956)

München hat viele große Parkanlagen. Drei davon sind königliche Gärten, von den Landesherren gestiftet: der Hofgarten an der Residenz, der riesige Park von Schloß Nymphenburg, des bayerischen Versailles, und der weltberühmte Englische Garten; ein kilometerlanger Landschaftspark. Einst stark versumpfter Wald der Schwabinger Isarauen, war er das Jagdgebiet des Hofes; schon 1387 wurde dieses Gehege mit tausend Hirschen erwähnt. Daran erinnert noch der Ort, wo eine Bühne für jeden Dilettanten offensteht: die Hirschau. 1790 durch einen Damm von der wilden Isar geschützt, wurde der große Park im Zuge einer Sozialreform allgemein zugänglich gemacht. An einem der wenigen Zugänge für die Durchfahrt von Autos steht in der Thiemestraße eine Mädchenfigur, die in den Händen ein Zauberspiel mit acht kleinen Fontänen hält: die »Quelle«. Mädchenhaft streng in der Haltung, lächelt sie mit zugekniffenen Augen – eine archaisch-fremde Gestalt, die Schöpfung von Augustin Lohr aus dem Jahre 1956. Münchens immer neue Hinwendung zur Antike zeigt hier ein anderes Gesicht als die Begegnung früherer Zeiten mit dem klassischen Altertum. Nicht das makellose Schönheitsideal eines Praxiteles, nicht die Durchwärmung des Marmors mit der größeren Naturnähe späterer Epochen, nicht die edle Verzauberung in Hans von Marées antiken Gärten standen hier Pate, sondern das archaische Geheimnis des Apolls von Tenea, dessen fremd lächelnder Blick noch aus vergessenen Urzeiten auf uns herüberschaut: als die Halbinsel, auf der die Griechen lebten, noch Thrakien hieß und nach der anmutigen Sage das Mädchen Thrake die Halbschwester der Asia und die richtige Schwester der Europa war. Das spätere »kalos kai agathos«-Ideal, »schön und glücklich« zu sein, ist uns nicht mehr zugemessen. Wie der Föhn den Münchner Himmel klar fegt, aber die Leidenschaften entfesselt, so endet alles, was ihre Bürger beginnen, in Superlativen: Fasching, Salvatoranstich, Oktoberfest. – Weitere Mädchen-Brunnen: mit Krug, Ottostraße 9, die Daphne auf dem Orleansplatz, der kindlich-herbe Brunnen im Garten der Photoschule, Clemensstraße 33, sowie das liebenswürdige Schwabinger Evchen mit der Vogeltränke, Leopoldstraße 20.

34

Eines der nobelsten Beispiele des späten Jugendstils ist das Gebäude der Münchner Rückversicherungsgesellschaft an der Königinstraße 107. Seine Zugehörigkeit zu diesem Stil, der seinen Namen in München bekam, erkennt man erst, wenn man den Schmuckhof mit dem Brunnen aus rotem Marmor darin überquert und den Bau von innen besichtigt. Gegenüber, schon im Englischen Garten, erstand ein moderner Neubau der Gesellschaft, mit seiner schwarzbraun eloxierten Aluminium-Vorhangfassade hinter dem Grün der Bäume zurücktretend. Davor befindet sich ein mit Platten belegter freier Platz, der den Blick auf das historische Gebäude freigibt und mit seinem modernen Brunnen und einer monumentalen abstrakten Plastik alle Spaziergänger anzieht: Bürger, fremde Besucher, Studenten, Kinder, die zum Spielen, Mannequins, die zu Modeaufnahmen kommen – ein »soziales Zentrum«. Georg Brenningers ganz neuartiger Brunnen ist der erste, der keine Brunnenschale braucht, keinen Teich, keinen Bach, der sein Wasser aufnimmt. Er gleicht einem reich facettierten Kristall, um den noch die unterirdischen Ströme des Berges kreisen. Das auf den kristallinen Flächen hüpfende Wasser versickert, wie in den Höhlen, in kaum sichtbaren Ritzen. Hier rührte der Künstler an das Geheimnis des Urgesteins, das sich aus glühender Lava oder aus heißen Dämpfen der Tiefen erst zu härten begann. – Sehnsucht des Steins, der Erde nach der höheren Daseinsform der Pflanze, des Baumes scheint sich in der etwas weiter hinten stehenden Plastik der Barbara Hepworth »Rock Form (Porthcurno) 1964« in den Luftraum zu heben. »Felsen-Form« mit Hohlräumen voll Himmels, die Haut der gegossenen Bronze mit dem Werkzeug geschnitzt, als wäre sie weiches Holz – Einheit des Lebens! – Unter dem Rand des Platzes am Englischen Garten, wo am Schwabinger Bach die hohen Pappeln stehen, reichen kreisrunde, flache ockergelbe Becken ihr Wasser einander – als strahlte die Sonne von der Erde zurück in das verblassende Blau der Grenzenlosigkeit. – Brunnen in geschlossenen Räumen holen uns zurück in die Geborgenheit. In den Empfangshallen Königinstraße 28 und Karolinenplatz 4 verbinden sie die hohen roten Wände luftig miteinander.

Brunnen von Georg Brenninger (1965)

36

Die »Schlange« von Lothar Dietz (1958)

Es überrascht, daß 1958 vor der Tierärztlichen Hochschule als Fakultät der Ludwig-Maximilians-Universität von München ein Schlangenbrunnen vor dem modernen Neubau der Hochschule aufgestellt wurde. Tiermedizin und Humanmedizin scheinen verschiedene Dinge zu sein. Die heilige Schlange des Gottes der Heilkunde Äskulap ist als Symbol der Veterinärkunde ungewöhnlich; ursprünglich war das anders. Die Heilkunde machte in der frühesten Zeit bei den Griechen keinen Unterschied zwischen Tier und Mensch: sie bildete eine Einheit. Erst um die Zeit des Hippokrates, Platon und Aristoteles wurden die Tiere, da sie eine sterbliche Seele haben und ohne Vernunft sind, aus dieser Gemeinschaft verbannt. Seit dem 18. Jahrhundert gewann die Tiermedizin wieder mehr Ansehen und mit der Eingliederung in die Universität auch akademischen Rang. Die Schlange ist eines der großen Tiersymbole. Sie ist seit Urzeiten das dämonische und religiöse Sinnbild für Gut und Böse. Midgard, der altgermanische Ort zwischen Unterwelt und Himmel, war umgeben von dem im Weltmeer liegenden Ungeheuer, der Midgardschlange, die Thor tötete. In Ägypten war die Uräus-Schlange Kopfschmuck der Pharaonen. In der Bibel ist Satan die »alte Schlange«. Zu jeder Zeit war die Schlange ein Hauptthema der Kunst. Lothar Dietz fügte seine monumental-dekorative Schlange mit sicherem Gefühl in die kühle Strenge der sie umgebenden modernen Straße ein. Das sich aufbäumende Tier wird in seiner ausgewogenen Schönheit Symbol des Heilens, sein Gift zur Medizin. – Lothar Dietz möchte mit seinen Brunnen eine heile Welt schaffen, im Gegensatz zur zerrissenen heutigen – und eine heitere Welt, indem er Kinder und Tiere zusammen modelliert: seinen Schwanen-Buberl-Brunnen in der Hypopassage zwischen Theatiner- und Kardinal-Faulhaber-Straße; seinen Fohlen-Brunnen mit dem Kind auf dem Luise-Kisselbach-Platz. Sein Reiher-Brunnen auf der Freizeitterrasse in der Marsstraße 40 ist der höchstgelegene Zierbrunnen Münchens. Den Reiher-Brunnen in der Passage Tal 12 schuf sein Bruder Elmar Dietz, das mit dem Hund spielende Kind, Habsburgerplatz, Anton Hiller; den Bären-Brunnen am Elisabethplatz gestaltete Georg Mueller.

Das berühmte Künstlerviertel im Norden der Stadt hinter dem Siegestor wird »die schönste Tochter Münchens« genannt, obwohl Schwabing viel älter ist als seine Wahlmutter. Aber »Schwabing ist kein Stadtteil, sondern ein Zustand«, sagte die tolle Münchner Gräfin Franziska zu Reventlow. Sie meinte wohl jene Erregung, welche die großen Geister Europas gegen Ende des 19. Jahrhunderts gleichsam wie eine Vorahnung der Katastrophe ergriff. Thron und Altar standen noch so selbstsicher, daß sie sich duldsamer zeigen konnten als die heutigen Weltmächte. Die satirische Zeitschrift »Simplizissimus« (der »Simpl«) und ihre Zwillingsschwester, die mehr der neuen Kunst verpflichtete »Jugend«, versammelten um sich die besten Dichter und bildenden Künstler der Zeit, und im Ausland zollten Ibsen, Hamsun, Zola, Tolstoi, Rodin begeistertes Lob. Im Künstlerlokal »Simpl« der Kathi Kobus in der Türkenstraße führte Frank Wedekind als Bänkelsänger den Reigen der prominenten Gäste an: Rilke, Thomas und Heinrich Mann, Hermann Hesse, Gustav Meyrink, Klabund und Karl Kraus, Georg Britting, Eugen Roth und andere. Am Wedekind-Brunnen auf dem Wedekindplatz sitzt seine von Ferdinand Filler gestaltete Muse, nachdenklich, wie alle Dichter des tieferen Humors. Zur Enthüllungsfeier erschienen 1959 die »Elf Scharfrichter« und sangen die berühmten Verse aus »König Nikolo«. – Der Ruederer-Brunnen in den Isarauen zwischen Maria-Theresia-Straße 20 und Friedensengel ist dem urwüchsig-bayerischen, bitter-sarkastischen Kritiker seiner Heimatstadt, Joseph Ruederer (1861–1915), gewidmet. Der Jugendstil räumte mit dem ängstlich behüteten Münchner Historismus auf und suchte mit dem bewegten floralen Ornament neue Wege; auch der freibleibende Grund erhielt ornamentale Kraft. So wurde die Geburt der abstrakten, gegenstandslosen Kunst des »Blauen Reiter« von 1912 vorbereitet. Heute versucht der Tukan-Kreis dem Auseinanderfallen von Literatur und Gesellschaft entgegenzuwirken und der Seerosen-Kreis die Erhaltung der Restboheme von Schwabing. Auf dem »Boulevard Leopold« aber stellen Künstler und solche, die bestimmt keine werden wollen, bei Kerzenlicht sich und ihre Ware aus.

Wedekind-Brunnen von Ferdinand Filler (1959)

Artur-Kutscher Brunnen von Lothar Dietz (1968)

Er war ein außerordentlicher Mensch, der Begründer der Theaterwissenschaft, der berühmte »Theaterprofessor« Artur Kutscher. In 103 Semestern an der Münchner Universität hörten bei ihm mindestens siebzigtausend Studenten offiziell und fast ebensoviele schwarz. Berühmte Schauspieler, Theaterleiter und Dramatiker waren seine Schüler. Seine geistvolle und mitreißende Menschlichkeit offenbarte sich auch auf seinen berühmten Exkursionen. Er führte seine Studenten nicht nur zu den Theatern des Altertums und zu modernen Aufführungen in Wien, Rom, Paris, Moskau, sondern auch zu Puppenspielen in Palermo, Zigeunerfesten in Granada, Passionsspielen in Oberammergau, St. Radegund und Erl, Perchtenläufen in Tirol und im Salzburgischen. Die Stierkämpfe in Nîmes und Madrid interessierten ihn ebenso wie die Bauerntheater in den Alpen. In den stampfenden Tänzen der Trachtengruppen, etwa der Isarflößer in Lenggries oder im oberbayerischen Messertanz, erblickte er noch die urtümliche kultische Kraft. Auf seinen Auslandsreisen, die am Ende jedes Semesters bis zur Küste Afrikas führten, wies er außer auf Kunstwerke auch auf die Eigenart der Landschaft, auf ihre Tiere und Pflanzen hin. Es gab offizielle Empfänge in den Botschaften, aber auch unvergeßliche Stunden in kleinen Trattorien und Hafenkneipen. Die »Kutscherfamilie« hatte tausend Gesichter. Der von ihm 1911 mitbegründete Stammtisch »Das junge Krokodil« brachte es bis heute auf 13 Gästebücher mit Eintragungen berühmter Persönlichkeiten. Er schrieb 22 Bücher – die Kollegen gönnten ihm aber keine ordentliche Professur. Nun, er blieb ein wahrhaft außerordentlicher Forscher und Erzieher. Auch sein Brunnen, von Lothar Dietz an seinem 90. Geburtstag (27. Juli 1968) eingeweiht, ist außergewöhnlich: Zehn Theatermasken – antike, exotische, der gehörnte Teufel der Legendenspiele, die Tölzer Bauernmaske – speien das Wasser. Auf der Brunnensäule steht zwischen wunderlichen Gestalten sein Leitspruch eingekerbt: »Humor ist Weltanschauung«. München hat unter den Arkaden des Hofgartens, Galeriestraße 4a, ein Theatermuseum, gestiftet von der Schauspielerin Klara Ziegler; es ist eine große Hilfe für die Theaterwissenschaft. 42

Brunnen von Franz Mikorey (1957)

Was ist ein Brunnen? Gefäß der Quelle, aus dem wir trinken. Von den vier Elementen Feuer und Luft, Erde und Wasser ist das Feuer mit unserem brennenden Willen am nächsten verwandt, die Luft mit dem kühlen Geist, der uns emporhebt ins All, die Erde mit unserem Leib, der uns zum Menschen formt, und das Wasser mit der Seele, die alles durchfließt und lebendig macht. Und Gott schied am zweiten Schöpfungstag den Himmel von den alles bedeckenden Wassern, am dritten aber ließ er Erde und Wasser scheiden. Am sechsten Tag erhob sich dann der Mensch, gleichsam ein vom Spiel der Wellen getragenes Stück beseelter Erde. Ihm ähnlich soll auch ein Brunnen mehr sein als ein bloß notwendiges Ding. Er soll den Durst löschen – auch nach verspielter Freude. Gelingt es dem Künstler, diese Loslösung von aller Schwere zu schenken, dann braucht nicht er, braucht kein anderer mehr zu fragen, wie ihm solches geschieht. Kein Warum steigt auf, nicht einmal die Frage, wie dieser fröhliche Brunnen aus dem Jahre 1957 heißen soll, aus dem Märchenwesen entsteigen, Mann und Frau mit Fischflossen statt Beinen. Wassernixe und Wassermann? Im Augenblick ihrer Menschwerdung im neuen Element der Luft, ein Kind, ihr Kind, ein kleines vollendetes Menschlein in die Höhe hebend. Franz Mikorey wollte zunächst mit einem kleinen Brunnen vor dem großen Gebäude das rechte Maß der Dinge ins Gleichgewicht setzen. Seine Figuren kommen nicht aus einer gestrigen, sondern – wie bei einem jeden Kunstwerk – aus einer *anderen* Welt. Wenn die Passanten beglückt stehen bleiben, Kinder ihre Papierschiffchen im Brunnen schwimmen lassen, dessen Schale mit bayerischen Tieren – Hecht, Waller, Ringelnatter – geschmückt ist, dann steht dieser Brunnen so richtig im Herz aller Dinge. In seinem Rund spiegelt sich auch die Stadt, welche München heißt. Doch ahnt man hinter der schwebenden Poesie des kleinen Brunnens des Künstlers skeptische Nachdenklichkeit. Sie drückt sich in ihrer vollen Intensität in seinem Vater-Sohn-Brunnen aus (der Vater trägt sein Kind huckepack) im intimen Raum der Passage Weinstraße 3 zur Gabelung der Durchgänge zum Dom und zur Kaufingerstraße. Im Glück des Spiels zittert ein tiefer Ernst.

Franziskus-Brunnen von Hans Vogl (1960)

Ist die Welt der Heiligen heute unzeitgemäß? Die Münchner Frau, die ihr »Zamperl« aus dem Becken des Franziskus-Brunnens trinken lassen will, ist auf eine naive Weise mit dem Dichter der Vogelpredigt kongenial. In der Tierliebe sollen die Münchner führen. Werden die meisten Hunde wirklich in München gehalten? Früher galten die Dackel für München typisch, heute gilt der grimmig wirkende, aber gutmütige Boxer als echter Münchner. Hans Vogls 1960 aufgestellter heiliger Franz ist in seinem hageren Ernst, hinter dem ein feiner, wissender Humor transparent wird, dem innersten Kern franziskanischer Heiterkeit näher auf der Spur als jene Jahrhunderte, die aus dem Mönch im Münchner Wappen ein »Münchner Kindl« (oft mit Maßkrug und Radi) machten. Die Tierbrunnen Münchens sind kaum zu zählen: das Mädchen mit dem Seehund (Hiltenspergerstraße), spielende Vögel (Dom-Pedro-Straße), das turbulente Springen der Delphine (Kaulbachstraße), der Märchen-Brunnen mit dem Reh (Kufsteiner Platz), das Maultier des heiligen Winthir, das gerade trinken will (Rotkreuzplatz), die in den Himmel hineinstoßende Silhouette des Vogel-Brunnens des Verlegers Vogel (Herzog-Wilhelm-/Kreuzstraße), der Seelöwe (Viktoriaplatz), der Delphin, auf dem der Knabe reitet (Dachauer/Augustenstraße), der Hasen-Brunnen (vom Hasenbergl), der Wolfs-Brunnen mit dem Rotkäppchen des Kommerzienrats Wolf am Kosttor, die Schildkröte im Springbrunnenteich des Stadtsteueramtes (Herzog-Wilhelm-Straße 11), der Baum mit der Eule als Symbol der Wissenschaft bei den Armen Schulschwestern (Unterer Anger 2), die Drei Windspiele (Briennerstraße 23, Hof). Von den drei prächtigen Gänsen auf dem Winthirplatz sagte der Physiker vom Max-Planck-Institut: »Und ob ich sie kenne! Wo ich sogar auf ihnen geritten bin!« Die Tauben-Marie vor dem Eingang zum Café Neue Börse (Passage Maffei-/Schäfflerstraße) will ihre Tierchen vor der feindlichen Großstadt schützen, das Buberl mit den drei kleinen Fischen auf dem Viktualienmarkt tut ihnen bestimmt nichts Böses, und auch der dicke Karpfen im Hof des Kindergartens an der Konrad-Celtis-Straße 44 weiß sich in guter Sicherheit. 46

Schöne Brunnen loben das Wasser, das alles Leben ernährt. Das Wasser singt das Lied von der Schönheit der Brunnen. Nicht nur der Schönheit: So wie beim Wasser die Einheit der Schöpfung noch unversehrt lebt – ob vom Gefäß aus Stein oder Metall umfangen und geformt, ob im Überfluß, im Überfließen sich an die Umwelt verschenkend –, so hat sich bei den Brunnen die Nützlichkeit, der Segen der Dinge noch nicht verschämt von der Schönheit weggestohlen. Im Sonnengesang sagt es der Bruder Franz: »Lob sei Dir, Du Herre mein, durch die Schwester, das Wasser. Gar nützlich ist sie und demutsvoll und köstlich und keusch.« Es gibt einen Brunnen in München, dessen genauen Mittelpunkt dieses Wasser bildet: die Bronzegruppe vor dem Haus der Süddeutschen Eisen- und Stahl-Berufsgenossenschaft in der Arnulfstraße 283. Sie steht auf einem Amboß. Eine Frau gießt Wasser aus ihrem Krug in die Schale, die ein Mann hält. Gebärde des Gebens in ihrer einfachsten, in ihrer Knappheit überzeugendsten Form, vom Bildhauer archaisch-frühromanischer Ruhe Ferdinand Hauk 1963 in einem klassischen Ebenmaß gestaltet. Wenn man auf diesen Wasserstrahl schaut, dann fühlt man sich gehalten, die Worte des Poverello zu wiederholen. Hier ereignet sich ein Gutes, eine Dienstleistung. Der Künstler hebt mit leichter Hand die juristisch artikulierte Realität in eine zeitlose Form. Der Künstler vermag noch mehr: Das Wasser kann Energie erzeugen: Wasserkraft, Licht, Wärme. An mehreren Kraftwerken Münchens, an Umspannwerken, Feuerwachen, am Leitzachwerk stellen große Reliefs von Hauk die höhere Einheit von Wasser und Feuer her – im Gegensatz zum Feuerwehrhydranten, der eigentlich auch eine Art perfektionierter »Brunnen« ist, aber nur in einer Gegnerschaft zum Feuer existieren kann. Hauks sechs Meter hoher Prometheus ist in seiner Vision nicht mehr das Symbol dessen, der uns das gefährliche Feuer von der Sonne zur Erde brachte, sondern der es aus dem kühlen Schoß der Gewässer befreite. Seinen Brunnen in der Bayerischen Bodenkreditanstalt, Kapellenstraße 4, umgeben vier Figuren: Landwirtschaft, Straßenbau, Energiewirtschaft, Hausbau. Das Wasser der Brunnenschale verbindet sie miteinander.

IV. Umschlagseite: Bronzegruppe von Ferdinand Hau[k] (1963)